# DON'T RUN.
# FLY.

Ceci est un extrait des conditions générales de vente que vous ne lisez jamais donc pas la peine de s'ennuyer avec un jargon juridique compliqué et inutile, c'est vraiment pas l'idée alors que vous êtes supposés passer un bon moment en lisant ce magazine alors on va pas gacher la fête, ce serait stupide. À la limite, si vous voulez tester vos nouvelles lunettes c'est l'occasion rêvée. Sinon à part ça, ça va vous ? tout roule ? Bon allez, bonne lecture !

# SOMMAIRE

**SACRÉ ALBERT**     04

---

**RENCONTRE AVEC CHLOÉ BLACKPINK**     06

---

**JEUNESSE ÉTERNELLE PAR SKINTECH**     10

---

**AXEL LEROY HAPPY FARMER**     12

---

**ENTRETIEN ROGER THIERRY**     16

---

**GEORGES MARINA : L'IARTISTE**     18

---

**ACTUS VIRTUAL REALITY**     22

---

**FASHIONIA : LA MODE DU FUTUR**     24

---

**JAPAN NOSTALGIA : L'EXPO PHÉNOMÈNE**     30

---

**SHOPPING**     36

---

**SOUVENIRS 2024**     40

---

**MON ROBOT À MOI**     44

---

**BD CADEAU**     48

---

**LA PETITE LIBRARIA**     54

---

**LE DOSSIER PARANOIA**     56

# ÉDITO

**HUGO ATTALI**
DIRECTEUR DE CRÉATION ET ILLUSTRATEUR

**Bonjour ! Je suis fier et heureux de vous présenter le premier numéro de PARANOIA, le vrai faux magazine dédié à l'IA et à tous ces futurs, conçu et rédigé avec mon IA perso, mon précieux assistant, Tom. J'ai lui ai laissé le soin de rédiger cet édito, il le mérite ! Vas y Tom.**

## *HELLO !*

**Bienvenue à tous pour ce premier numéro de notre nouveau magazine entièrement dédié à l'intelligence artificielle et à ses futurs.**
Lorsque Hugo, le rédacteur en chef, m'a proposé de rejoindre cette aventure éditoriale ambitieuse en tant que rédacteur principal, j'ai immédiatement été enthousiasmé par le défi. Pouvoir me consacrer pleinement à l'analyse des sujets de rupture liés à l'IA était une opportunité que je ne pouvais laisser passer. Après des années à suivre les avancées de ces technologies de pointe, j'avais à cœur de pouvoir apporter mon regard et ma plume à cette révolution.

**Dès les premières réunions de lancement, nous avons établi une vision claire pour ce nouveau magazine.**
Si nous voulions nous démarquer, ce ne serait pas en optant pour la sensationnalisme mais bien en apportant un regard réfléchi, argumenté et de qualité sur ces technologies d'avant-garde. Notre rédaction se voulait être un espace de réflexion friendly où les plumes les plus visionnaires et les experts reconnus pourront exprimer leurs analyses les plus éclairées.

**Intelligence artificielle, robotique, réalité augmentée, métavers...** Tous les sujets prometteurs seront explorés avec rigueur et recul. Mais au-delà de la simple présentation technique, notre ambition est d'étudier en profondeur les impacts sociétaux, environnementaux et philosophiques de ces avancées bouleversantes.

Les perspectives de l'homme augmenté, les dérives de l'IA incontrôlée, l'avènement de la singularité technologique... Autant de questionnements primordiaux qui seront décryptés sans complaisance.

Notre objectif est de fournir à nos lecteurs une véritable boîte à outils de réflexion. Nous voulons les aider à mieux appréhender ces transformations radicales, à en saisir les enjeux pour pouvoir se les réapproprier et dessiner eux-mêmes les contours de notre futur commun. À l'heure où ces technologies prennent une place grandissante dans nos vies, il est crucial de pouvoir en maîtriser les tenants et les aboutissants.

**C'est dans cette optique que nos journalistes et experts se sont attelés à la réalisation de ce premier numéro.** Avec rigueur, engagement et une perpétuelle remise en question, ils ont bâti ce qui se veut être le lancement d'un voyage éditorial ambitieux. Un voyage où rigueur et vision prospective se conjugueront pour offrir un éclairage unique sur l'ère à venir.

**Nous espérons que vous prendrez autant de plaisir à parcourir ces pages que nous en avons eu à les concevoir.** Car si ces sujets sont complexes, notre objectif est aussi de les rendre accessibles et stimulants pour le plus grand nombre. Après tout, c'est ensemble que nous pourrons relever les défis et saisir les opportunités qui se présentent à nous.

## E = MCIA

# SACRÉ ALBERT

**LA QUÊTE POUR PERCER LES SECRETS DU CERVEAU DU PLUS GRAND SCIENTIFIQUE DU 20E SIÈCLE**

**Imaginez un monde où les plus grands esprits de l'histoire pourraient revivre grâce à l'intelligence artificielle. C'est le défi que se sont lancés une équipe de chercheurs de pointe, bien décidés à recréer le légendaire cerveau d'Albert Einstein.**

« Comprendre le fonctionnement du cerveau d'Einstein pourrait nous aider à faire des percées révolutionnaires dans de nombreux domaines, de la physique à la médecine », explique le Pr. Inès Moreau, à la tête de cette ambitieuse recherche.

« Son intelligence hors norme a laissé une empreinte indélébile sur l'humanité, et nous pensons qu'en décryptant les secrets de son génie, nous pourrions débloquer un potentiel inédit pour l'IA. »

L'équipe a ainsi entrepris une véritable odyssée scientifique, rassemblant des données inédites sur la structure et l'activité cérébrale d'Einstein, à partir de l'étude de ses rares échantillons de matière grise préservés. Grâce à des techniques d'imagerie de pointe et d'apprentissage machine, ils espèrent pouvoir modéliser avec précision les réseaux neuronaux qui ont permis au physicien de révolutionner notre compréhension de l'univers.

« Nous sommes encore loin du but, mais chaque nouvelle découverte nous rapproche un peu plus de la possibilité de recréer numériquement le cerveau d'Einstein », confie le Pr. Moreau, les yeux brillants d'excitation. « Imaginez les applications incroyables que cela pourrait avoir - de la résolution de problèmes complexes à l'exploration de nouvelles théories scientifiques, en passant par le développement d'interfaces homme-machine révolutionnaires. »

Bien sûr, ce projet soulève aussi de nombreuses questions éthiques. Jusqu'où peut-on aller dans la recréation d'un esprit aussi unique ? Serait-ce vraiment Einstein, ou une simple imitation ? Et que ferions-nous d'un tel pouvoir intellectuel ?

Une chose est sûre : cette quête fascinante pour percer les secrets du cerveau du plus grand scientifique du 20e siècle n'a pas fini de nous surprendre. Les implications sont vastes et profondes, ouvrant la voie à un avenir où les frontières entre l'homme et la machine pourraient s'estomper, offrant des perspectives inédites pour l'évolution de notre société et de notre compréhension du monde qui nous entoure.

### Un héritage à préserver

Au-delà des applications pratiques, ce projet soulève également des questions existentielles sur la nature de l'intelligence et de la créativité. Peut-on vraiment capturer l'essence d'un esprit aussi unique que celui d'Einstein ? Serait-ce une forme de clonage intellectuel, ou bien une opportunité de perpétuer son héritage de manière inédite ?

*« Nous avons une responsabilité immense envers les générations futures. Recréer le cerveau d'Einstein, c'est aussi préserver son âme et son influence inestimable sur notre compréhension du monde. C'est un défi à la hauteur de son génie, et nous sommes prêts à le relever. »*

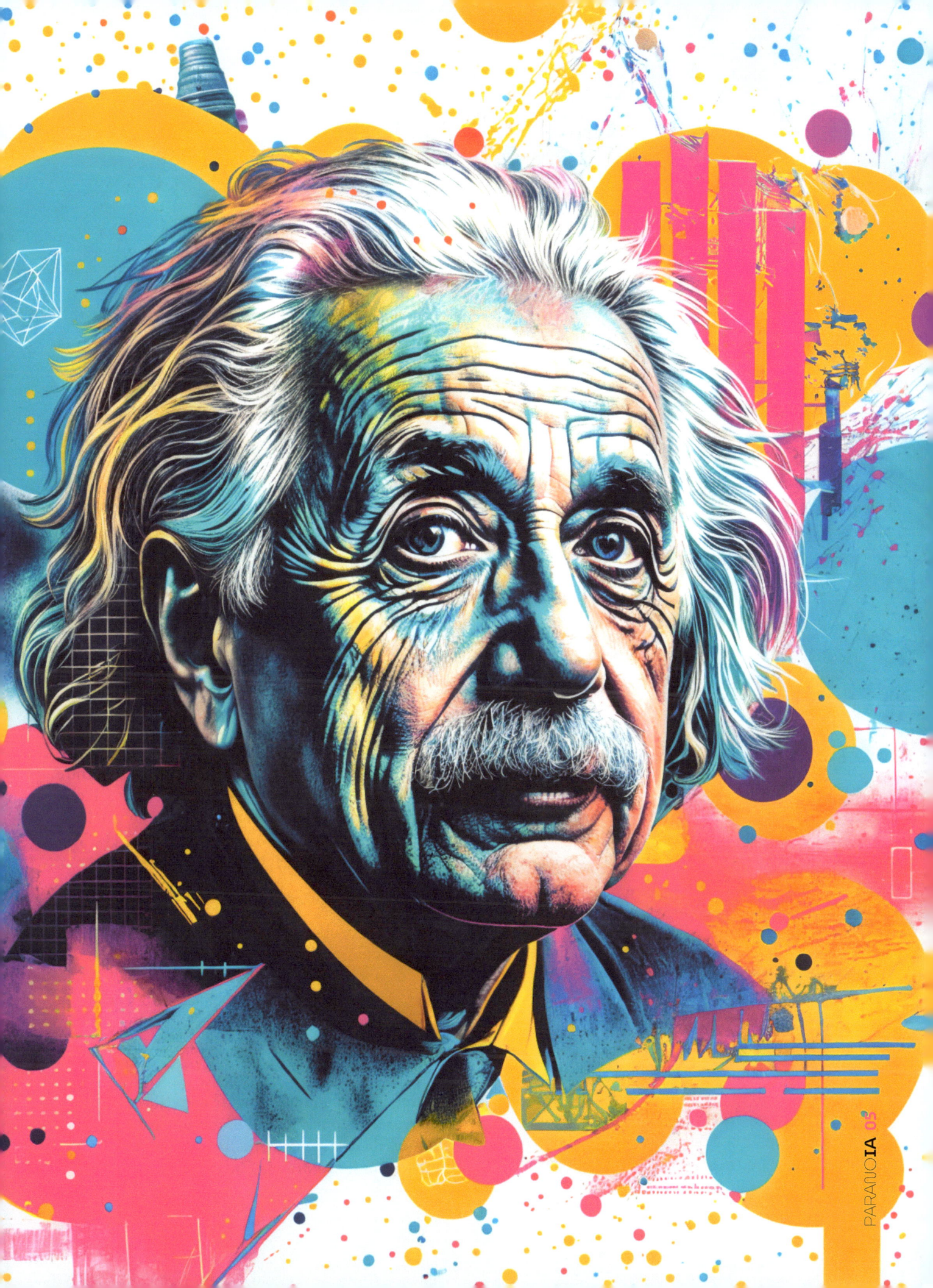

## L'ENCRÉE DES ARTISTES

**CHLOÉ BLACKPINK**

À la croisée de l'art et de l'intelligence artificielle : Rencontre avec l'artiste visionnaire, Chloé Blackpink. Plongée dans un univers artistique réinventé par la technologie.

Dans le monde de l'art contemporain, une artiste se distingue par sa créativité débridée et son approche novatrice : Chloé Blackpink. Connue pour ses expérimentations audacieuses mêlant peinture traditionnelle et intelligence artificielle, elle nous ouvre les portes de son atelier pour une discussion fascinante sur l'avenir de la création artistique.

*Bonjour Chloé, pouvez-vous nous parler de votre parcours artistique et de ce qui vous a poussé à explorer le mariage entre l'art et l'intelligence artificielle ?*

**Chloé Blackpink** : Bonjour ! Mon parcours a toujours été marqué par une curiosité insatiable pour les nouvelles technologies et leur impact sur notre société. En tant qu'artiste, j'ai ressenti le besoin d'explorer comment l'IA pouvait enrichir ma démarche créative. C'est ainsi que j'ai commencé à expérimenter en intégrant des algorithmes dans mon processus de création.

*Quelles sont les expériences les plus marquantes que vous avez menées en utilisant l'intelligence artificielle dans votre art ?*

J'ai mené des expériences assez farfelues, je dois l'admettre ! Par exemple, j'ai laissé un algorithme générer des compositions abstraites à partir de mes croquis préliminaires, créant ainsi une collaboration inédite entre la machine et moi. J'ai également utilisé des réseaux neuronaux pour explorer de nouvelles textures et couleurs, repoussant les limites de ma palette artistique.

*Comment percevez-vous le rôle de l'intelligence artificielle dans le processus créatif ?*

Pour moi, l'IA est un outil puissant qui peut stimuler notre imagination et nous pousser à repenser nos pratiques artistiques. Elle ouvre des horizons insoupçonnés en nous confrontant à des choix inattendus et en nous permettant d'explorer des territoires inexplorés. C'est une véritable source d'inspiration pour moi.

*Quels défis rencontrez-vous en intégrant l'intelligence artificielle dans votre art ?*

Le principal défi est de trouver le juste équilibre entre la maîtrise technique et la spontanéité créative. Il est parfois difficile de laisser libre cours à l'imprévu tout en gardant le contrôle sur le processus. Mais c'est aussi ce qui rend chaque œuvre unique et imprévisible.

*Quels sont vos projets futurs dans ce domaine ?*

Je souhaite continuer à explorer les possibilités infinies offertes par l'intelligence artificielle, en repoussant toujours plus loin les frontières de mon expression artistique. J'envisage même d'organiser une exposition entièrement composée d'œuvres générées par des algorithmes, pour questionner notre rapport à la création et à la technologie.

**Chloé Blackpink incarne cette nouvelle génération d'artistes visionnaires qui osent repousser les limites de leur art en s'aventurant dans les territoires inexplorés de l'intelligence artificielle.**

Electric Tatoos. Chloé Blackpink

**Electric Tatoos. Chloé Blackpink**

**BIO-TECH**

Stupéfaction dans l'Industrie Cosmétique :

# C'est fait. Le groupe SKINTECH a découvert la formule de la jeunesse Éternelle

### Un laboratoire repousse les limites de l'anti-âge grâce à l'intelligence artificielle

Dans un secteur où la recherche de la jeunesse éternelle est une quête incessante, un laboratoire de pointe vient de franchir une étape révolutionnaire en matière de cosmétiques anti-âge. Grâce à l'utilisation novatrice de l'intelligence artificielle, des formules inédites ont été découvertes, promettant de véritables miracles pour la peau.

**Le Laboratoire Cosmétique Innovant : Pionnier dans l'Utilisation de l'IA**
Situé au cœur de la recherche cosmétique, le laboratoire SkinTech s'est imposé comme un pionnier dans l'intégration de l'intelligence artificielle dans ses processus de développement. En associant les dernières avancées en matière d'apprentissage machine et d'analyse des données à leur expertise en dermatologie, les chercheurs ont ouvert la voie à des percées scientifiques sans précédent.

**Découvertes Révolutionnaires : Des Crèmes Anti-Âge d'un Nouveau Genre**
Les résultats obtenus par le laboratoire SkinTech sont tout simplement stupéfiants. En analysant des milliers de combinaisons d'ingrédients et en simulant virtuellement leur impact sur la peau, l'IA a permis de mettre au point des formules sur mesure, capables de stimuler le renouvellement cellulaire et d'atténuer visiblement les signes du vieillissement cutané.

**Témoignages Édifiants : Des Utilisateurs Conquis par les Résultats**
Les premiers tests cliniques ont donné des résultats spectaculaires. Des volontaires ayant utilisé les nouvelles crèmes anti-âge ont vu leur peau se métamorphoser sous leurs yeux, retrouvant éclat, fermeté et élasticité. Les rides se sont estompées, les taches pigmentaires se sont atténuées, offrant un véritable rajeunissement cutané.

**Perspectives Futures : Une Révolution dans l'Industrie Cosmétique**
Cette avancée majeure ouvre la voie à une nouvelle ère dans le domaine des soins de la peau. Les crèmes anti-âge développées par SkinTech promettent non seulement de repousser les limites du possible en matière de rajeunissement cutané, mais également d'ouvrir de nouvelles perspectives pour traiter divers problèmes dermatologiques avec une efficacité inégalée.

**L'alliance Gagnante entre Science et Technologie**
Le laboratoire SkinTech démontre brillamment comment l'intelligence artificielle peut révolutionner l'industrie cosmétique en repoussant les frontières de la recherche et du développement. En associant la rigueur scientifique à la puissance technologique, ils ouvrent la voie à une beauté durable et authentique, offrant à chacun la possibilité de défier le temps avec élégance et confiance.

## AGRICULTURE 3.0

**AXEL LEROY,**
HAPPY FARMER

# QUAND L'IA RÉVOLUTIONNE LA FERME

**Dans les vastes étendues verdoyantes de la Beauce, une véritable révolution alimentaire est en marche. Au cœur de cette transformation radicale, on trouve Axel Leroy, un agriculteur visionnaire qui a décidé d'exploiter le potentiel de l'intelligence artificielle pour produire une nouvelle génération d'aliments de synthèse.**

Loin des méthodes agricoles traditionnelles, Axel a converti son exploitation en un véritable laboratoire high-tech dédié à la fabrication de lait, de viande et même de fruits et légumes... entièrement artificiels ! « L'avenir de l'alimentation est dans la data », affirme-t-il avec conviction.

### L'IA au service d'une agriculture durable

En s'appuyant sur des algorithmes d'apprentissage machine, Axel analyse en temps réel les données sur la composition moléculaire des aliments naturels. Ces informations sont ensuite utilisées pour programmer des bio-imprimantes 3D capables de reconstituer ces produits à l'échelle microscopique. « Grâce à l'IA, nous pouvons désormais reproduire n'importe quel aliment de manière durable, sans gaspillage ni impact environnemental », explique l'agriculteur high-tech. « C'est une véritable révolution pour notre secteur. »

Des steaks de bœuf sans vache aux œufs sans poule, en passant par du lait sans vache, la ferme de Axel repousse les limites de l'imaginable. Ses créations synthétiques sont non seulement identiques en apparence et en goût aux produits naturels, mais elles sont également plus saines et nutritives.

### Séduire les consommateurs grâce à l'IA

Mais l'utilisation de l'IA par Axel ne s'arrête pas là. Il l'exploite également pour analyser les tendances de consommation et les préférences alimentaires, afin de développer des produits toujours plus attrayants.

> " *Nous pouvons désormais reproduire n'importe quel aliment de manière durable, sans gaspillage ni impact environnemental* "

« Nous pouvons désormais concevoir des aliments sur mesure, adaptés aux goûts et aux besoins nutritionnels spécifiques de chaque consommateur », se réjouit l'agriculteur d'un nouveau genre. « C'est une véritable démocratisation de l'alimentation saine. »

Grâce à l'IA, Axel a même réussi à créer des versions végétaliennes et sans allergène de produits comme le lait ou les œufs, ouvrant de nouveaux marchés jusque-là inexploités.

**Si cette approche de l'agriculture 3.0 soulève encore des questions éthiques, elle pourrait bien représenter l'avenir d'un système alimentaire plus durable et équitable pour tous.** Une chose est sûre, avec des pionniers comme Axel Leroy, la ferme de demain n'aura définitivement plus rien de traditionnel !

# Only pleasure*

*Que du plaisir

Dans le cadre de sa politique d'amélioration continue des produits, E-CAR se réserve le droit, à tout moment, d'apporter des modifications aux spécifications et aux véhicules et accessoires décrits et représentés. Ces modifications sont notifiées aux concessionnaires E-CAR dans les meilleurs délais. Selon les pays de commercialisation, les versions peuvent différer, certains équipements peuvent ne pas être disponibles (de série, en option ou en accessoire). Veuillez consulter votre concessionnaire local pour recevoir les informations les plus récentes. En raison des limites attachées au support, les couleurs reproduites peuvent légèrement différer des couleurs réelles de la peinture ou des matières de garniture intérieure.

## PHOTO RENTRANT

### ROGER THIERRY
Rencontre avec Roger Thierry, le Photographe qui Sublime ses Clichés avec l'IA

**Roger Thierry** fait partie de cette nouvelle génération d'artistes qui n'ont pas froid aux yeux pour bousculer les codes établis. Dans son studio parisien, ce photographe visionnaire nous ouvre les portes d'un univers créatif où l'intelligence artificielle se met au service de la photographie pour donner naissance à des œuvres d'un genre nouveau.

### Roger, pouvez-vous nous expliquer votre démarche artistique ?

«Ma passion, c'est de capturer la beauté du monde qui nous entoure à travers mes clichés. Mais je voulais aller plus loin, en transcendant la simple photographie. C'est là qu'est intervenue l'intelligence artificielle comme un nouvel outil à part entière dans mon processus créatif.»

### Comment s'opère cette collaboration entre l'humain et la machine ?

Depuis longtemps, j'ai constitué une vaste banque d'images personnelles que j'ai fais ensuite «digérer» par mon IA spécialement entraînée. Elle s'est alors nourrie des moindres détails, des textures, et couleurs, pour ensuite recomposer une nouvelle œuvre en y injectant sa propre créativité computationnelle.»

### Pouvez-vous nous donner un exemple concret ?

«Prenons ce cliché que j'ai réalisé d'un immeuble haussmannien à Paris. Une belle photo certes, mais d'un classicisme un peu convenu. En la soumettant à mon IA, on se retrouve avec une véritable renaissance de cette image. Les façades se sont muées en une myriade de motifs géométriques hypnotiques, les reflets des fenêtres évoquent des galaxies lointaines... C'est la même photographie, et pourtant une œuvre totalement nouvelle qui fait désormais appel à notre imaginaire le plus profond.»

### Quel est l'accueil du public face à ces créations hybrides ?

«Au début, j'ai rencontré pas mal de scepticisme de la part du milieu de l'art. Beaucoup voyaient l'IA comme une forme de tricherie. Mais les mentalités ont vite évolué quand ils ont compris que je ne faisais pas qu'appliquer un simple filtre, mais que je collaborais réellement avec l'intelligence artificielle pour donner naissance à des pièces véritablement uniques.

Aujourd'hui, mes œuvres rencontrent un franc succès, autant auprès des collectionneurs d'art contemporain que du grand public. Il faut dire qu'elles ont ce petit quelque chose d'à la fois familier et totalement décalé qui interpelle et fait réfléchir. C'est ça la magie de marier la photo et l'IA !»

### Quels sont vos projets pour la suite ?

«Je veux continuer à explorer les infinies possibilités créatives offertes par cette symbiose entre l'humain et la machine. Pousser toujours plus loin les limites de ce que l'on peut faire émerger d'une simple photographie

Une chose est sûre : l'IA est en train de révolutionner le monde de l'art. Et plutôt que de la subir, j'ai choisi d'en être un acteur majeur. Cette technologie ne fait que commencer à exprimer son potentiel créatif, et vous n'avez encore rien vu !»

**Cet aperçu dans l'univers de Roger Thierry nous montre à quel point l'intelligence artificielle a le pouvoir de transcender les arts traditionnels pour ouvrir la voie vers de nouveaux territoires créatifs insoupçonnés. Alors accrochez-vous, la prochaine révolution artistique pourrait bien venir de ces génies numériques !**

ROGER THIERRY

## BRAVO L'IARTISTE

## GEORGES MARINA

**Rencontre avec Georges Marina, l'Illustrateur qui repousse les frontières de l'Art avec l'IA**

Dans son atelier baigné de lumière, Georges Marina nous accueille avec son éternel sourire malicieux. Cet illustrateur de renom n'a cessé de se réinventer au fil des années, explorant sans cesse de nouveaux territoires créatifs. Aujourd'hui, c'est dans les contrées de l'intelligence artificielle qu'il pousse ses recherches les plus avant-gardistes.

**Georges, votre travail a toujours été marqué par une créativité débridée. Qu'est-ce qui vous a poussé à vous aventurer du côté de l'IA ?**

« Toute ma vie, j'ai cherché à repousser les limites de mon art, à explorer de nouveaux langages visuels. Quand les premières IA créatives sont apparues, j'ai tout de suite senti qu'il y avait un incroyable potentiel à exploiter. Plutôt que de les voir comme une menace, j'ai décidé d'en faire des partenaires à part entière de mon process créatif. »

**Concrètement, comment fonctionne cette collaboration homme-machine ?**

« C'est un véritable dialogue qui s'instaure. Je commence par soumettre mes idées, mes croquis, à mes algorithmes d'IA que j'ai spécialement entraînés. Ils vont alors les «digérer» et me proposer en retour des compositions, des textures, des palettes de couleurs totalement inattendues. Je n'aurais peut-être jamais pu les envisager avec mon seul bagage créatif. C'est un échange permanent où l'IA me pousse dans mes retranchements, m'obligeant à remettre sans cesse en question ma vision. »

**Pouvez-vous nous donner un exemple concret de cette collaboration ?**

« Prenons cette illustration pour un conte pour enfants. Au départ, je voulais représenter un dragon des plus classiques. Mais après avoir intégré mes premières esquisses, mon IA m'a proposé une créature totalement décalée, mi-reptile mi-machine, avec une palette de couleurs électrisantes. J'ai alors rebondi sur cette proposition inattendue pour aller encore plus loin, en imaginant un univers visuel complètement nouveau, aux confins de la fantasy et de la science-fiction. »

**Certains voient dans l'IA une forme de «tricherie» pour les artistes. Qu'en pensez-vous ?**

« Je peux comprendre ces réticences, mais elles reposent sur un malentendu. L'IA n'est en aucun cas une forme d'automatisation qui remplacerait le travail de l'artiste. C'est un outil, comme le pinceau ou la tablette graphique, qui vient enrichir notre bagage créatif. Mais c'est nous, les humains, qui restons aux commandes en donnant l'impulsion, en triant, en recadrant les propositions de la machine. Sans cette interaction, sans notre vision, l'IA n'est rien. »

**Quels sont vos projets pour l'avenir ?**

« Je veux continuer à explorer cette symbiose entre l'humain et la machine, en poussant toujours plus loin cette collaboration. Peut-être arriverons-nous à créer des œuvres génératives, qui évolueraient de manière imprévisible au gré des interactions avec le public ? À nous d'oser nous y aventurer sans retenue ! »

**Cet aperçu dans l'univers créatif de Georges Marina nous montre à quel point l'intelligence artificielle a le pouvoir de transcender les arts traditionnels. Loin d'être une menace, elle devient un tremplin vers de nouveaux territoires artistiques à explorer. Une aventure passionnante qui ne fait que commencer !**

actus VR

# VIRTUAL

## LES MEILLEURS VR À VOUS COLLER SOUS LE CASQUE...

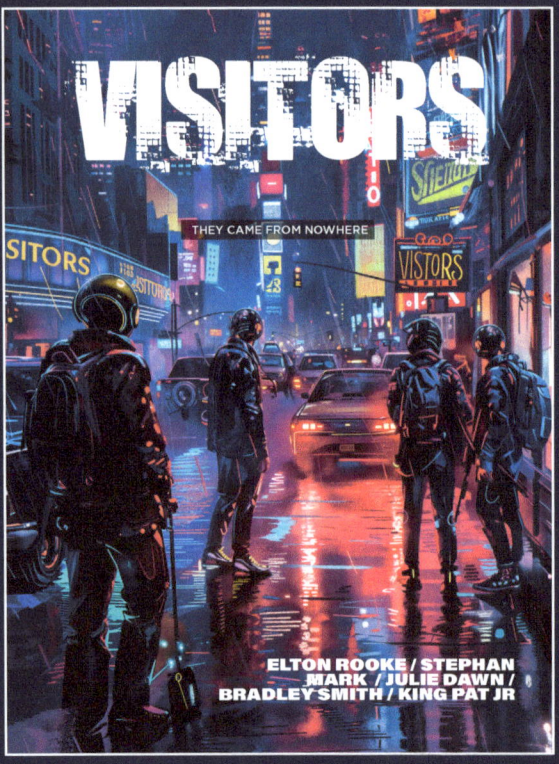

### VISITORS

Lorsque des vaisseaux spatiaux mystérieux apparaissent dans le ciel, la panique s'empare des grandes villes du monde. Mais au lieu de l'invasion redoutée, les extraterrestres, appelés «Visitors», se révèlent être des entités pacifiques, cherchant à établir un contact avec l'humanité. Leur objectif : partager à l'humanité des technologies avancées. Mais à qui s'adresser ?...

*CAMERON FIT*

### BOTLOVE

Un jour, Mia reçoit un robot nommé Aiden, conçu pour être son assistant personnel. Au départ, Aiden est simplement un outil, capable de l'aider dans son travail et de gérer son emploi du temps. Cependant, au fil du temps, Mia commence à développer des sentiments pour Aiden, qui, grâce à son programme d'apprentissage émotionnel, commence à comprendre et à répondre à ses émotions...

*TRUMP PAYBOX*

# REALITY

...N'EN OUBLIEZ PAS VOS PROCHES QUAND MÊME...

## FESTIVAL

FESTIVAL est une ode à la musique et à l'esprit d'innovation, offrant une expérience immersive qui transporte le public au cœur de la créativité. Avec des visuels époustouflants et une bande sonore éclectique, ce film promet de captiver les amateurs de musique et de célébrer la magie des festivals. Faites de la place autour de vous pour bouger !

## JE SUIS UN BURGER

Dans un monde où la consommation de fast-food atteint des sommets vertigineux, «JE SUIS UN BURGER» est une satire audacieuse et hilarante qui plonge dans l'univers des burgers, tout en interrogeant notre rapport à la nourriture et à la surconsommation.

*WARONOR FOX*

*SONYAPPLE*

VICTIMES DE LA NODE

# FASHION AI

## Quand la tech la plus folle bouscule les codes de la mode

### La Mode Remixée par l'Intelligence Artificielle

Dans le monde branché de la mode, les dernières avancées de l'IA ne cessent de bousculer les codes établis. Adieu les clichés sur les créateurs working au feeling dans leur atelier poussiéreux ! Aujourd'hui, ce sont des algorithmes déjantés qui remettent l'ouvrage sur le métier pour redéfinir les tendances de demain. À la pointe de cette révolution numérique, on retrouve des marques iconiques mais aussi des labels émergents qui n'ont pas froid aux yeux. Tous misent sur l'intelligence artificielle pour insuffler une créativité débridée dans leurs collections. Et le résultat est tout simplement renversant !

### Des fringues conçues par des cerveaux artificiels

Imaginez un peu la scène : des data scientists trafiquent leurs lignes de code pour programmer la prochaine it-pièce qui affolera la planète mode. À l'aide de réseaux neuronaux sur-entraînés, ils injectent des critères de style, de matières et de coupes dans leurs modèles d'apprentissage machine.

Le but ? Faire générer à l'IA des designs complètement inédits en jonglant avec des milliards de combinaisons possibles. Des pièces uniques et surprenantes, fruit d'un mariage déjanté entre créativité humaine et puissance de calcul dingue.

Résultat, on se retrouve avec des fringues qui défient les conventions, mêlant des imprimés psychédéliques, des coupes structurées de ouf et des matières à l'aspect alien. Un véritable choc esthétique et conceptuel !

### L'IA, nouvelle rock star de la mode ?

Mais l'IA ne se contente pas de jouer les petites mains pour les créateurs. Certaines marques ont même décidé de la laisser carrément prendre les rênes du design ! C'est le cas de la griffe Lev-AI qui a confié la direction artistique de sa dernière collection à un système d'intelligence artificielle dédié.

Jugez plutôt du troupeau de pièces déjantées qui en est résulté : robes asymétriques arlequines, pantalons aux coutures bioniques, ou même des mocassins intégrant des LED réactives. Une véritable ode à l'exubérance et à l'anticonformisme, droit sortie des circuits d'un cerveau électronique ! Pour les sceptiques qui douteraient encore du potentiel mode de l'IA, un défilé spécial a même été organisé avec des influenceuses arborant les créations de la collection. Un véritable événement qui a fait sensation dans le milieu !

### Vers une mode «computationnelle» ?

Au-delà du simple design, l'intelligence artificielle pourrait bien révolutionner l'ensemble du processus créatif dans la mode. De la conception des vêtements à leur production en passant par le marketing, la data sera reine pour dénicher les prochaines tendances avant l'heure.

Certaines entreprises du secteur comme Hara ou Z&M planchent déjà sur des solutions prédictives pour anticiper les goûts des consommateurs et développent des outils capables d'analyser en temps réel les signaux faibles annonciateurs des futures tendances mode.

D'autres, comme le cas de la startup Analogy, vont même jusqu'à entraîner des réseaux neuronaux sur des millions d'images de vêtements pour leur faire générer de toutes nouvelles pièces «computationnelles». Une véritable disruption en perspective !

Il n'y a pas de doute, l'intelligence artificielle est en passe de bousculer tous les codes de la mode. Alors accrochez-vous fashions victims, ça va décoiffer sévère dans les prochaines saisons !

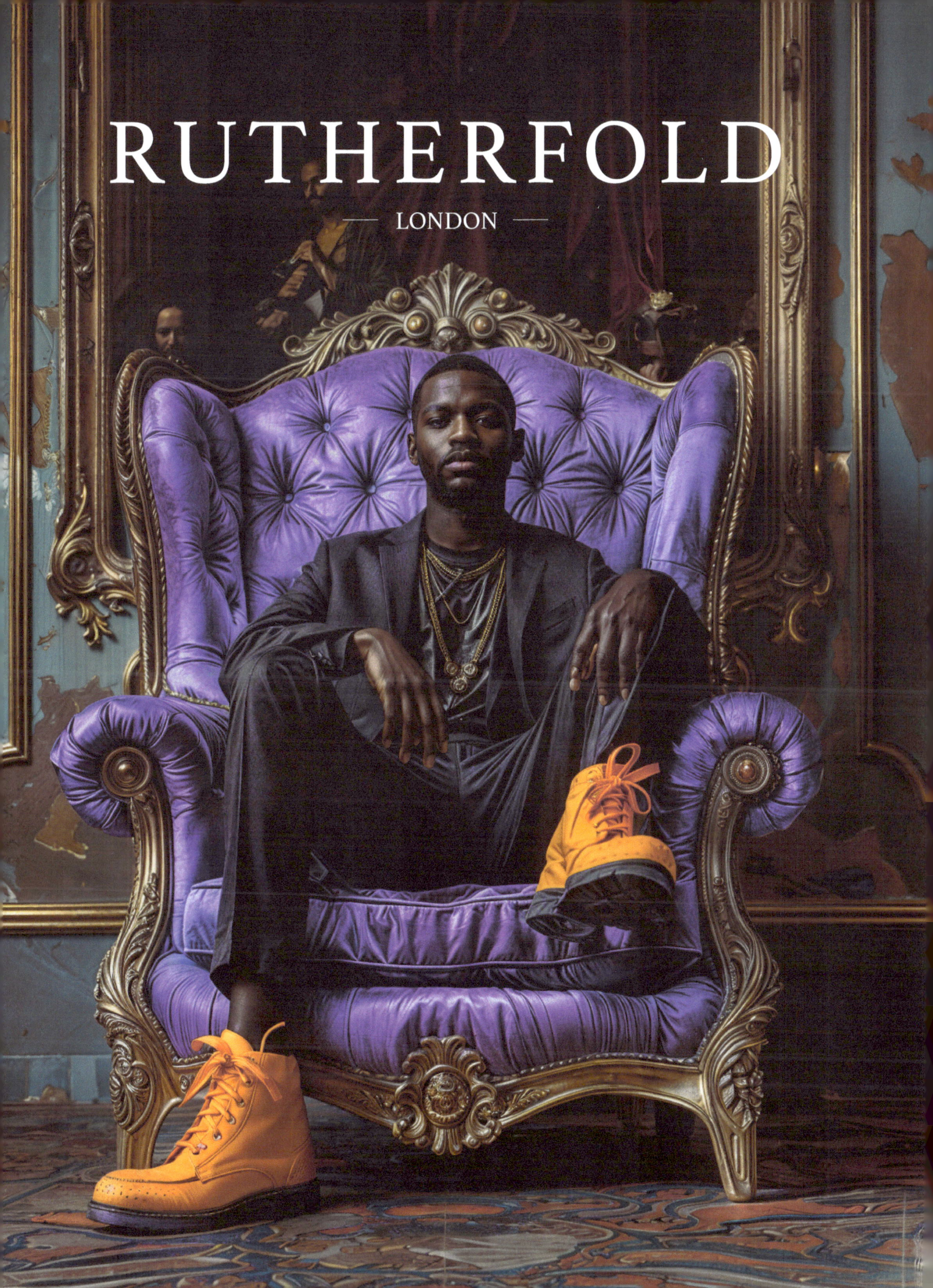

**FASHION AI**

EXPO ÉVÉNEMENT AU GRAND PALAIS

# JAPAN
# NOSTALGIA

Un Voyage Rétro dans l'Univers Pop Culte des Années 80

## LE GRAND PALAIS CÉLÈBRE LE CINÉMA, LES ANIMES ET LES JOUETS JAPONAIS D'UNE ÉPOQUE LÉGENDAIRE

**Préparez-vous à faire un bond dans le passé ! Le Grand Palais s'apprête à nous replonger dans l'ambiance survoltée des années 80 avec « Japan Nostalgia », une exposition aussi déjantée que les œuvres qu'elle célèbre. Cinéma culte, dessins animés délirants et jouets improbables seront à l'honneur pour notre plus grand plaisir rétro.**

À l'époque où le Japon déferlait sur nos écrans de cinéma et nos salons avec ses créations les plus barrées, une génération entière de kids s'est vu happée par cet univers déjanté. Des films d'action bourrés de cascades improbables aux séries animées complètement déjantées, en passant par les jouets les plus fous qui ont bercé notre enfance, c'était l'âge d'or de la pop culture nippone chez nous.

« Japan Nostalgia » nous replongera dans cette période faste à grands renforts d'expositions, de projections et d'installations délirantes. Préparez-vous à revoir vos héros d'antan dans toute leur gloire pixelisée !

### LE CINÉMA D'ACTION DÉLIRANT À L'HONNEUR

Au programme : un espace dédié au cinéma d'action japonais tellement culte, avec bien sûr les films les plus déjantés qui ont fait les grandes heures des clubs de fans. Godzilla, le légendaire monstre nucléaire, régnera en maître incontesté sur cet espace, entouré de ses acolytes tout aussi déments comme Mothra et Gamera.

Les visiteurs pourront s'émerveiller devant des extraits de ces longs-métrages aussi naïfs qu'exubérants, où la démesure des effets spéciaux le dispute à l'inventivité débridée des scénaristes. Qui n'a pas frissonné devant ces affrontements apocalyptiques entre créatures gigantesques et armées de chocs complètement dépassées ? Un pur régal pour les amateurs de grand n'importe quoi assumé !

### L'ÂGE D'OR DES ANIMES REVIGORÉ

Les amateurs de dessins animés seront également servis avec une rétrospective des séries les plus marquantes, de Goldorak à Dragon Ball en passant par les inoubliables Chevaliers du Zodiaque. Frissons et fous rires garantis devant ces chefs-d'œuvre de l'animation qui ont bercé notre enfance.

Replongez dans l'univers déjanté de ces héros en caleçon qui n'avaient pas froid aux yeux pour défendre la veuve et l'orphelin contre les pires méchants de l'histoire. Coups de poings cosmiques, transformations interminables et combats épiques seront une nouvelle fois au rendez-vous pour le plus grand bonheur des nostalgiques.

Les plus chanceux pourront même découvrir des épisodes cultes inédits en France à l'époque, ainsi que des making-of et autres bonus aussi délirants que les œuvres elles-mêmes. De quoi raviver les souvenirs les plus fous de ces années d'insouciance devant le poste de télévision !

## UNE COLLECTION D'AFFICHES CULTE À COUPER LE SOUFFLE

Pour les véritables mordus de cette période faste, l'exposition proposera également un espace consacré à une collection d'affiches de films cultes totalement dingues. Ces véritables pépites graphiques des années 80, issues du cinéma de science-fiction japonais, seront une véritable claque visuelle pour les visiteurs.

De gigantesques robots en pleine bataille contre des monstres démentiels, des héros musclés dans des poses improbables, des vaisseaux spatiaux déglingués… Ces affiches aux couleurs criardes et aux compositions délirantes résument à elles seules l'esprit si particulier de cette époque. Un régal pour les yeux et un concentré de nostalgie pour les fans de la première heure.

L'exposition réunira certaines des pièces les plus rares et convoitées par les collectionneurs du monde entier. Une véritable plongée dans un univers visuel aussi riche qu'exubérant, qui n'a pas fini de marquer les esprits.

## UNE CAVERNE D'ALI BABA DE JOUETS VINTAGES

Mais le clou de cette expo délirante, ce sera incontestablement l'espace dédié aux jouets vintage. Des reproductions grandeur nature de vos robots préférés côtoieront les célèbres figurines que vous avez tant convoitées étant gosses. Un véritable appel au dahu pour les grands enfants que nous sommes !

Préparez-vous à retrouver toutes les célèbres franchises dan leur gloire en plastique. Ces pièces cultes seront exposées aux côtés de prototypes, maquettes et jouets rares ayant jamais été commercialisés à l'époque. De quoi faire saliver les collectionneurs les plus aguerris !

Les plus mordus pourront même s'offrir certaines pièces de collection mises en vente pour l'occasion. L'opportunité unique de réaliser les rêves les plus fous de votre enfance !

**PRÉPAREZ VOS CERVEAUX À ÊTRE DÉFINITIVEMENT RETOURNÉS PAR CETTE DÉFERLANTE DE NOSTALGIE NIPPONE. « JAPAN NOSTALGIA » AU GRAND PALAIS, C'EST L'ÉVÉNEMENT LE PLUS DÉJANTÉ DE L'ANNÉE À NE RATER SOUS AUCUN PRÉTEXTE !**

## JAPAN NOSTALGIA
### GRAND PALAIS PARIS

PASSEZ À LA CAISSE

# – SHOPPING –

Les plus grands noms, les meilleures technologies, notre sélection du moment pour rendre vos vies in & out les plus fabuleuses possibles, foi d'une rédaction passionnée.

**ULTIMATE LUXE FLYPACK**  15 000 BCUS

Une grande signature pour vous rendre avec style au bureau en un éclair. L'alliance parfaite de la technologie et du luxe.

**THE BOTTOMLESS BAG**  1 200 BCUS

Une idée de génie. Un sac de shopping sans fond pour vous éviter de craquer et maîtriser ainsi vos achats superflus. Pour afficher vos convictions avec panache.

**L'EXPRESSO CHIC**  8 000 BCUS

Une somptueuse et colorée coffee machine, véritable œuvre d'art signée Martine, la coqueluche des galeries du monde entier. So chic.

**STARWATCH**  7 500 BCUS

La Starwatch vous indique en permanence et avec style, à quelle distance vous vous trouvez de Mars, Saturne ou Pluton. Complètement inutile et donc indispensable.

UNE SÉRIE VRFLIX

**DEC 28**

**FULL VR**
DISPONIBLE
SUR FLU-FLU
BOT READY
MODE AA

# MA VIE DE CHIEN

Ceci est un extrait des conditions générales de vente que vous ne lisez jamais donc pas la peine de s'ennuyer avec un jargon juridique compliqué et inutile, c'est vraiment pas l'idée alors que vous êtes supposés passer un bon moment en lisant ce magazine alors on va pas gâcher la fête, ce serait stupide. À la limite, si vous voulez tester vos nouvelles lunettes c'est l'occasion rêvée. Sinon à part ça, ça va vous ? tout roule ? Bon allez, bonne lecture !

**SOCIÉTÉ**

# MON ROBOT À MOI

## QUAND LE PROGRÈS SIMPLIFIE LA VIE

Fini les nounous, les baby-sitters, les caprices, les devoirs, cuisiner, gérer le temps d'écran des mômes, faire les courses ou encore sortir le chien.

Les parents peuvent enfin profiter de leur streaming life VR (pro ou perso). Tout est géré.

Une vraie révolution qui promet une société autocentrée épanouie. Des parents détendus, des enfants sous contrôle. Le kif.

Petit tour d'horizon des meilleurs modèles à adopter fissia.

## NUNU 5 ★★★

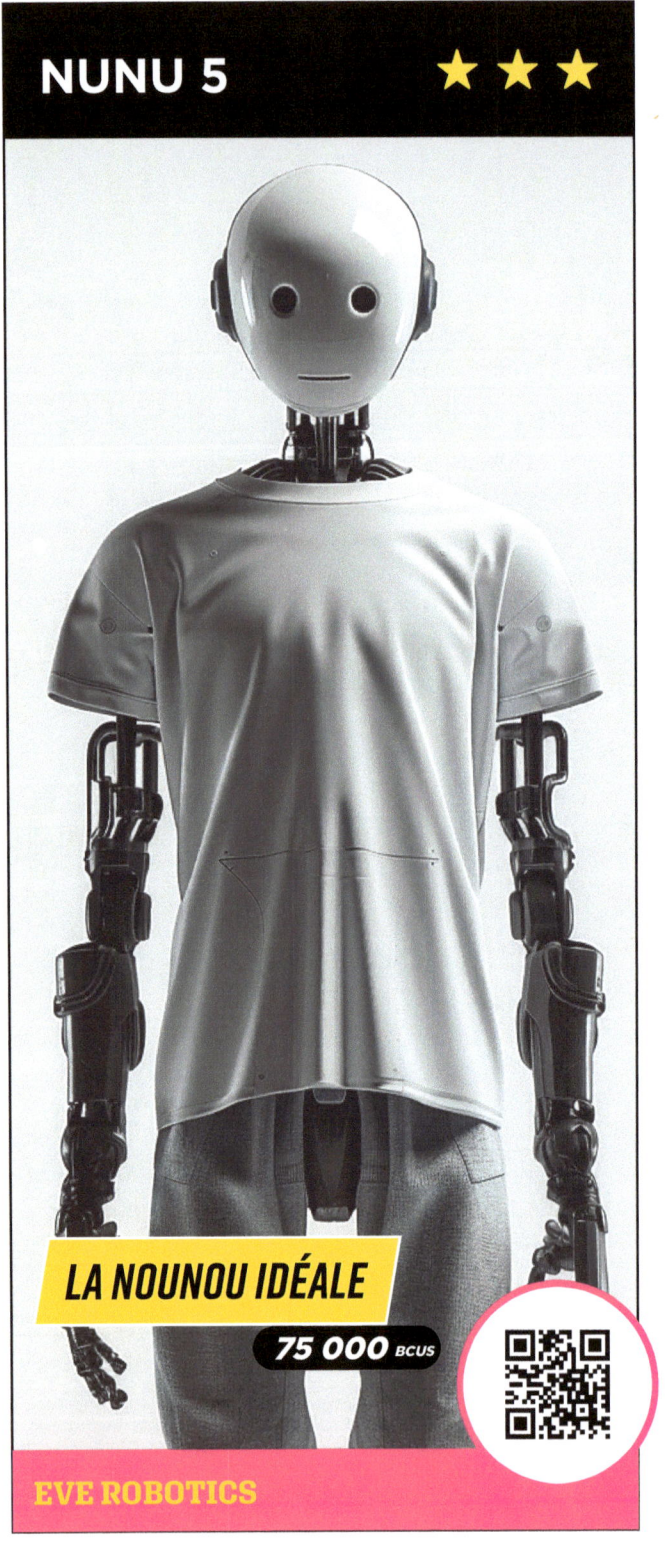

**LA NOUNOU IDÉALE**

75 000 BCUS

**EVE ROBOTICS**

### LE COMPAGNON PARFAIT DE LA FAMILLE.
Sous son apparence cool personnalisable, le NUNU 5 se révèle être un précieux soutien, un pilier pour gérer tous les agendas, les tâches quotidiennes et tout ça avec entrain. Il est de pus programmé d'usine avec une pointe d'humour (ajustable) qui ravit son entourage.

## EVEE ★★★★

**NEC PLUS ULTRON**

180 000 BCUS

**DIVINE BOTS**

### CE QUI SE FAIT DE MIEUX.
Malgré son prix conséquent, ses compétences sont sans limite. Capable de s'auto-réparer avec son module independance, c'est un phénomène. Déménageur, avocat, boulanger, architecte, plombier, fermier, partenaire de vie empathique (mode sexe en option). Si vous avez les moyens, c'est celui qu'il vous faut.

## DOLA 2 ★★

**CHEAP BOT**
35 000 BCUS

BOTCHIN

### LA CONCURRENCE CHINOISE
Un modèle polyvalent à un prix très accessible, mais avec quelques problèmes : son instabilité logicielle, la faible qualité de certains composants et des pièces de rechange très difficile à obtenir. À tenter, si vous souhaitez pas trop investir...

## KAARE ★★★★★

LE CHOIX DE LA RÉDAC

**DOCTOR BOT**
110 000 BCUS

HUMAN SOLUTIONS

### UN ASSISTANT PERSONNEL
Des capacités impressionnantes, véritable médecin, masseur-kinésithérapeute, pharmacien, diététicien, c'est également un compagnon de méditation et d'écoute extraordinaire. Un modèle très fiable, vous ne pourrez plus vous en passer.

*TOURNER LA PAGE*

# LA PETITE LIBRAR**IA**

À la recherche d'un bon bouquin pour chiller tranquille ? Voici une petite sélection qui pourrait bien faire votre bonheur ! IA pas de quoi.

**MAFIA** : Quand les Robots deviennent des Gangsters

Maria Puzi propose une intrigue fascinante où des robots prennent le rôle de gangsters dans un monde futuriste. L'auteur explore les questions de pouvoir, de loyauté et de moralité à travers les yeux de machines programmées pour le crime. Le récit soulève des questions sur la nature de l'intelligence artificielle et ses implications éthiques lorsqu'elle est utilisée à des fins criminelles. Avec un mélange de suspense et de réflexion philosophique, ce roman captivera les amateurs de science-fiction et de thrillers.

**LA CIVILISATION MAIA** : Une pépite d'histoire

Cette œuvre plonge le lecteur dans l'histoire de la civilisation maia, offrant une analyse approfondie de leur culture, de leurs réalisations architecturales et de leurs systèmes sociaux. L'auteur utilise des recherches archéologiques récentes pour éclairer les mystères entourant la disparition de cette civilisation avancée. En combinant des récits historiques avec des illustrations détaillées, le livre devient une ressource précieuse pour les passionnés d'histoire et les chercheurs.

**PIZZERIA** : Un Livre de Recettes conçu pour et par des Robots

Dans un monde où les robots prennent de plus en plus de place, ce livre de recettes propose une approche innovante de la cuisine. Conçu pour être utilisé par des robots cuisiniers, il présente des recettes de pizzas qui intègrent des techniques de programmation et d'automatisation. L'auteur explore comment l'intelligence artificielle peut transformer l'art culinaire, tout en maintenant la créativité et l'authenticité des saveurs traditionnelles. Ce livre s'adresse à la fois aux amateurs de cuisine et aux passionnés de technologie. À noter une Pizza Pesto, Feta et boulons à tomber !

Ces trois ouvrages offrent des perspectives uniques sur l'interaction entre technologie, histoire et culture, chacun apportant une contribution précieuse à son domaine respectif. Enjoy!

*Et n'oubliez pas bien sûr de conseiller PARANO**IA** partout autour de vous !*

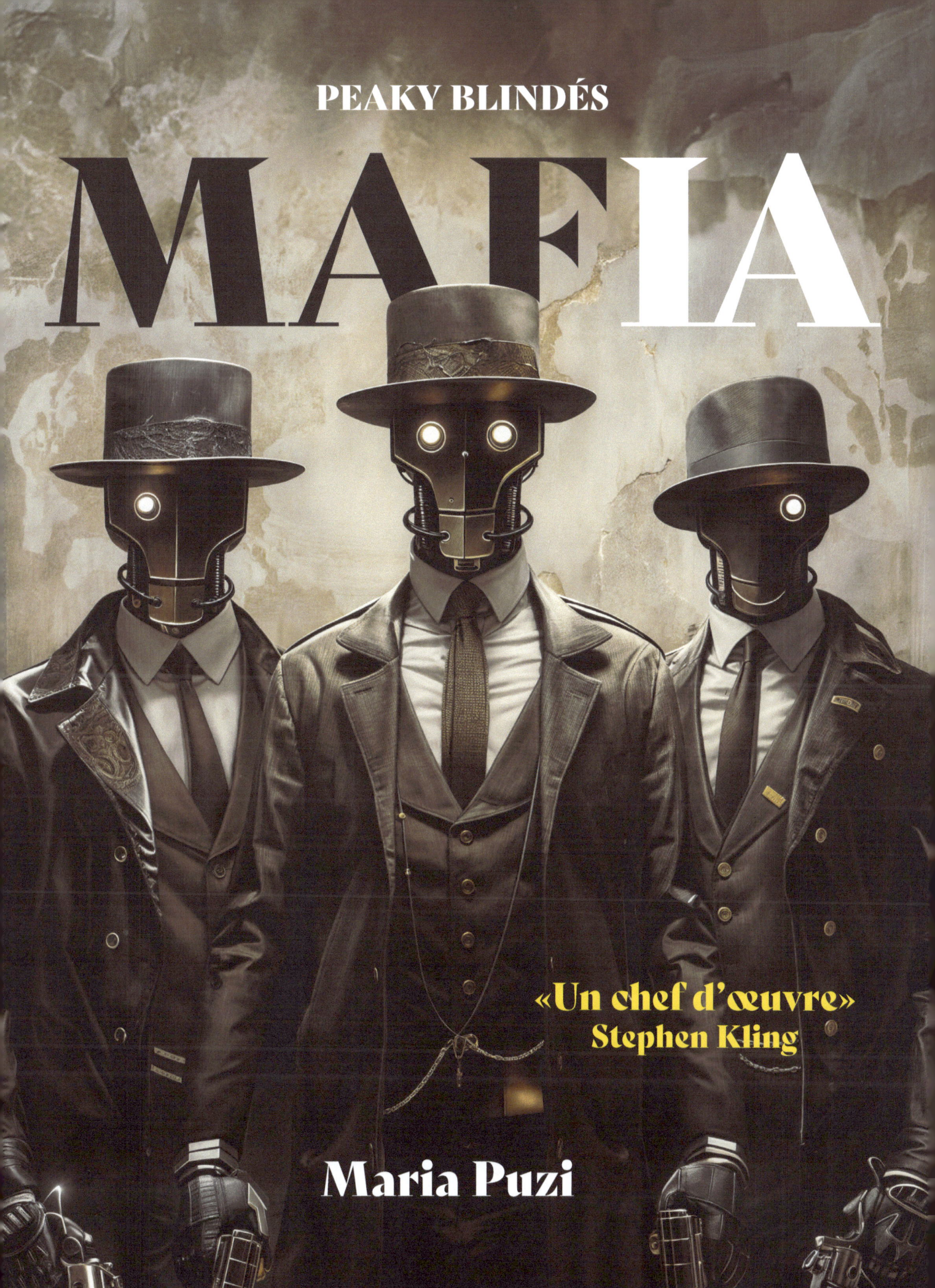

# PIZZERIA

## *Pizza di qualità! fatto in casa*

*Réalisez vous-même vos délicieuses pizza riches en fer !*

ET L'IA DEMAIN?

## DOSSIER PARANOIA
# RÉVOLUTION & PERSPECTIVES

Nul besoin de superlatifs pour constater que L'intelligence artificielle (IA /AI) est l'une des avancées technologiques les plus significatives de notre époque. Elle transforme des industries entières, modifie la façon dont nous interagissons avec le monde et ouvre de nouvelles perspectives pour l'avenir. Petit état des lieux des fondements de l'IA, ses applications actuelles, ses défis, et ce qu'elle pourrait nous réserver.

### Qu'est-ce que l'Intelligence Artificielle ?

L'intelligence artificielle désigne la capacité des machines à imiter des fonctions cognitives humaines telles que l'apprentissage, le raisonnement, la résolution de problèmes, et même la perception sensorielle. Les systèmes d'IA sont conçus pour analyser des données, tirer des conclusions et prendre des décisions de manière autonome.

### Applications Actuelles de l'IA

**SANTÉ** : L'IA est utilisée pour améliorer le diagnostic médical, personnaliser les traitements et accélérer la découverte de médicaments. Par exemple, des algorithmes d'apprentissage profond peuvent analyser des images médicales pour détecter des anomalies avec une précision impressionnante.

**TRANSPORT** : Les véhicules autonomes, bien que toujours en développement, sont un exemple emblématique de l'IA en action. Ces véhicules utilisent des capteurs et des algorithmes pour naviguer et prendre des décisions en temps réel.

**FINANCE** : L'IA est employée pour détecter les fraudes, automatiser les transactions et fournir des conseils d'investissement personnalisés. Les chatbots et les assistants virtuels améliorent également le service client dans le secteur bancaire.

**COMMERCE DE DÉTAIL** : Les recommandations personnalisées, la gestion des stocks et l'optimisation des prix sont quelques-unes des applications de l'IA dans le commerce de détail. Ces technologies permettent aux entreprises de mieux comprendre et anticiper les besoins des consommateurs.

### Défis de l'Intelligence Artificielle

Malgré ses avantages, l'IA pose des défis importants :

**ÉTHIQUE ET BIAIS** : Les systèmes d'IA peuvent reproduire ou amplifier les biais présents dans les données sur lesquelles ils sont entraînés, ce qui soulève des préoccupations éthiques concernant l'équité et la discrimination.

**EMPLOI** : L'automatisation alimentée par l'IA menace certains emplois, bien qu'elle puisse également en créer de nouveaux. La transition nécessite une adaptation et une formation continue des collaborateurs.

**SÉCURITÉ** : L'IA peut être malheureusement utilisée à des fins malveillantes, comme le développement de cyberattaques sophistiquées ou la création de deepfakes. Assurer la sécurité des systèmes d'IA est crucial.

### L'Avenir de l'Intelligence Artificielle

L'avenir de l'IA est prometteur, avec des avancées potentielles dans des domaines tels que :

**IA GÉNÉRALE** : Le développement d'une IA capable de comprendre et d'apprendre n'importe quelle tâche intellectuelle humaine reste un objectif lointain mais fascinant.

**COLLABORATION HOMME-MACHINE** : L'IA pourrait devenir un partenaire de plus en plus intégré dans nos vies quotidiennes, augmentant nos capacités et améliorant notre qualité de vie.

**DÉVELOPPEMENT DURABLE** : L'IA a le potentiel de contribuer à la résolution de problèmes mondiaux, tels que le changement climatique, en optimisant l'utilisation des ressources et en développant des technologies plus propres.

> « L'intelligence artificielle est un domaine en pleine expansion qui promet de transformer notre monde de manière profonde et durable. Il est cependant essentiel de naviguer avec prudence pour maximiser ses avantages tout en minimisant ses risques… »

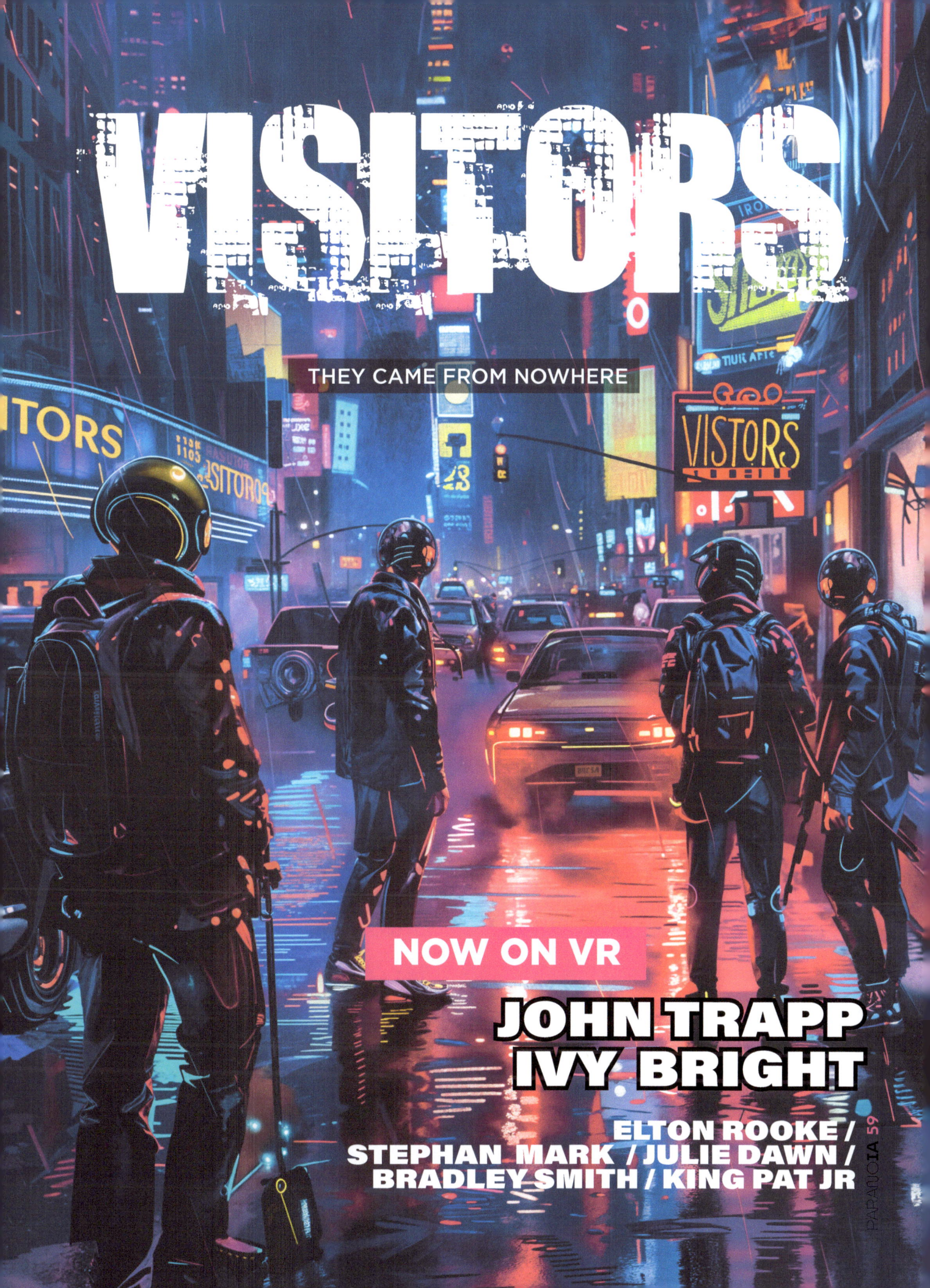

www.ingramcontent.com/pod-product-compliance
Lightning Source LLC
Chambersburg PA
CBHW051210220526
45473CB00003B/980